AF215915

Tucholsky Wagner Zola Scott Sydow Freud Schlegel
Turgenev Wallace Fonatne
Twain Walther von der Vogelweide Fouqué Friedrich II. von Preußen
Weber Freiligrath Frey
Kant Ernst
Fechner Fichte Weiße Rose von Fallersleben Richthofen Frommel
Hölderlin
Engels Fielding Eichendorff Tacitus Dumas
Fehrs Faber Flaubert
Eliasberg Ebner Eschenbach
Feuerbach Maximilian I. von Habsburg Fock Eliot Zweig
Ewald Vergil
Goethe Elisabeth von Österreich London
Mendelssohn Balzac Shakespeare Dostojewski Ganghofer
Lichtenberg Rathenau Doyle Gjellerup
Trackl Stevenson Hambruch
Mommsen Tolstoi Lenz Droste-Hülshoff
Thoma Hanrieder
Dach Verne von Arnim Hägele Hauff Humboldt
Reuter Rousseau Hagen Hauptmann
Karrillon Garschin Gautier
Defoe Baudelaire
Damaschke Descartes Hebbel
Hegel Kussmaul Herder
Wolfram von Eschenbach Dickens Schopenhauer
Darwin Grimm Jerome Rilke George
Bronner Melville Bebel
Campe Horváth Aristoteles Proust
Bismarck Vigny Barlach Voltaire Federer Herodot
Gengenbach Heine
Storm Casanova Tersteegen Gilm Grillparzer Georgy
Chamberlain Lessing Langbein Gryphius
Brentano Lafontaine
Strachwitz Claudius Schiller Kralik Iffland Sokrates
Bellamy Schilling
Katharina II. von Rußland Gerstäcker Raabe Gibbon Tschechow
Löns Hesse Hoffmann Gogol Wilde Gleim Vulpius
Luther Heym Hofmannsthal Klee Hölty Morgenstern
Roth Heyse Klopstock Kleist Goedicke
Luxemburg Puschkin Homer Mörike
La Roche Horaz Musil
Machiavelli Kierkegaard Kraft Kraus
Navarra Aurel Musset
Lamprecht Kind Kirchhoff Hugo Moltke
Nestroy Marie de France
Laotse Ipsen Liebknecht
Nietzsche Nansen Ringelnatz
Marx Lassalle Gorki Klett Leibniz
von Ossietzky May
vom Stein Lawrence Irving
Petalozzi
Platon Knigge
Sachs Poe Pückler Michelangelo Kock Kafka
Liebermann Korolenko
de Sade Praetorius Mistral Zetkin

Tao Te King. Ubertragen von Richard Wilhelm

Laotse

Impressum

Autor: Laotse
Übersetzung: Richard Wilhelm
Umschlagkonzept: toepferschumann, Berlin

Verlag: tredition GmbH, Hamburg
ISBN: 978-3-8424-1605-5
Printed in Germany

Text der Originalausgabe

Laotse

Tao Te King

Übersetzt von Richard Wilhelm

Vorwort

Was wir von dem Verfasser der vorliegenden Aphorismensammlung historisch Beglaubigtes wissen, geht sehr eng zusammen. Es ist so wenig, daß die Kritik vielfach gar nichts mehr davon bemerkte und ihm samt seinem Werk im Gebiet der Mythenbildung den Platz anwies. Der Name Laotse, unter dem er in Europa bekannt ist, ist gar kein Eigenname, sondern ein Appellativum und wird am besten übersetzt mit »der Alte«. Laotse stammt wohl aus der heutigen Provinz Honan, der südlichsten der sogenannten Nordprovinzen, und mag wohl ein halbes Jahrhundert älter gewesen sein als Kung (Konfuzius), so daß seine Geburt auf das Ende des 7. vorchristlichen Jahrhunderts fällt. Im Lauf der Zeit hatte er am kaiserlichen Hof, der damals in Loyang (in der heutigen Provinz Honan) war, ein Amt als Archivar bekleidet.

Als die öffentlichen Zustände sich so verschlimmerten, daß keine Aussicht auf die Herstellung der Ordnung mehr vorhanden war, soll Laotse sich zurückgezogen haben. Als er an den Grenzpaß Han Gu gekommen sei, nach späterer Tradition auf einem schwarzen Ochsen reitend, habe ihn der Grenzbeamte Yin Hi gebeten, ihm etwas Schriftliches zu hinterlassen. Darauf habe er den Tao te king, bestehend aus mehr als 5000 chinesischen Zeichen, niedergeschrieben und ihm übergeben. Dann sei er nach Westen gegangen, kein Mensch weiß wohin.

Daß auch an diese Erzählung sich die Sage geknüpft hat, die Laotse nach Indien führte und dort mit dem Buddha in Berührung kommen ließ, ist verständlich. Irgendeine persönliche Berührung zwischen Laotse und Buddha ist jedoch vollkommen ausgeschlossen. Man hat da spätere Umstände in das historische Bild zurückgetragen.

In der Han-Dynastie wenden sich mehrere Kaiser dem Studium des Tao te king zu, so besonders Han Wen Di (197-157 v. Chr.), dessen friedliche und einfache Regierungsart als direkte Frucht der Lehren des alten Weisen bezeichnet wird. Sein Sohn Han Ging Di (156-140 v. Chr.) legt endlich dem Buch die Bezeichnung »Tao te king« (Dau De Ging, d.h. »das klassische Buch vom Sinn und Leben«) bei, die es seither in China behalten hat.

Die ganze Metaphysik des Tao te king ist aufgebaut auf einer grundlegenden Intuition, die der streng begrifflichen Fixierung unzugänglich ist und die Laotse, um einen Namen zu haben, »notdürftig« mit dem Worte TAO (sprich: Dau) bezeichnet. In Beziehung auf die richtige Übersetzung dieses Wortes herrschte von Anfang an viel Meinungsverschiedenheit. »Gott«, »Weg«, »Vernunft«, »Wort« sind nur ein paar der vorgeschlagenen Übersetzungen, während ein Teil der Übersetzer einfach das »Tao« unübertragen in die europäischen Sprachen herübernimmt. Im Grunde genommen kommt auf den Ausdruck wenig an, da er ja auch für Laotse selbst nur sozusagen ein algebraisches Zeichen für etwas Unaussprechliches ist. Es sind im wesentlichen ästhetische Gründe, die es wünschenswert erscheinen lassen, in einer deutschen Übersetzung ein deutsches Wort zu haben. Es wurde von uns durchgängig das Wort *Sinn* gewählt. Um hier gleich die Übersetzung des immer wiederkehrenden Wortes TE (sprich: De) zu rechtfertigen, so sei bemerkt, daß die chinesische Definition desselben lautet: »Was die Wesen erhalten, um zu entstehen, heißt De.« Wir haben das Wort daher mit *Leben* übersetzt.

Kein einziger historischer Name ist in Laotses ganzem Büchlein genannt. Er will gar nicht in der Zeitlichkeit wirken. Darum verschwimmt er für das historisch gerichtete China in nebelhafte Fernen, da ihm niemand zu folgen vermag. Und eben das ist der Grund, warum er in Europa so große Wirkungen ausübt trotz des räumlichen und zeitlichen Abstands, der ihn von uns trennt.

Er hat für sich einen Blick getan in die großen Weltzusammenhänge und hat, was er geschaut, mühsam in Worte gebracht, es gleichgesinnten Geistern der späteren Zeit überlassend, selbständig seinen Andeutungen nachzugehen und im Weltzusammenhang selbst die Wahrheiten zu schauen, die er entdeckt. Es hat zu allen Zeiten einzelne Denker gegeben, die unter den vergänglichen Erscheinungen des menschlichen Lebens den Blick erhoben zu dem ewigen Sinn des Weltgeschehens, dessen Größe alles Denken übersteigt, und die darin Ruhe gefunden haben und Leichtigkeit, die es ihnen ermöglichte, den sogenannten Ernst des Lebens nicht mehr so gar ernst zu nehmen, weil ihm kein wesentlicher Wert an und für sich innewohnt.

Es ist ein Zeichen für die Höhe des Standpunkts von Laotse, daß er sich auf Andeutungen des Unaussprechlichen beschränkt, deren Verfolg jedem einzelnen überlassen bleiben mag.

Richard Wilhelm

1

Der *Sinn*, der sich aussprechen läßt,
ist nicht der ewige *Sinn*.
Der Name, der sich nennen läßt,
ist nicht der ewige Name.
»Nichtsein« nenne ich den Anfang von Himmel und
Erde.
»Sein« nenne ich die Mutter der Einzelwesen.
Darum führt die Richtung auf das Nichtsein
zum Schauen des wunderbaren Wesens,
die Richtung auf das Sein
zum Schauen der räumlichen Begrenztheiten.
Beides ist eins dem Ursprung nach
und nur verschieden durch den Namen.
In seiner Einheit heißt es das Geheimnis.
Des Geheimnisses noch tieferes Geheimnis
ist das Tor, durch das alle Wunder hervortreten.

2

Wenn auf Erden alle das Schöne als schön erkennen,
so ist dadurch schon das Häßliche gesetzt.
Wenn auf Erden alle das Gute als gut erkennen,
so ist dadurch schon das Nichtgute gesetzt.
Denn Sein und Nichtsein erzeugen einander.
Schwer und Leicht vollenden einander.
Lang und Kurz gestalten einander.
Hoch und Tief verkehren einander.
Stimme und Ton sich vermählen einander.
Vorher und Nachher folgen einander.

Also auch der Berufene:
Er verweilt im Wirken ohne Handeln.
Er übt Belehrung ohne Reden.
Alle Wesen treten hervor,
und er verweigert sich ihnen nicht.
Er erzeugt und besitzt nicht.
Erwirkt und behält nicht.
Ist das Werk vollbracht,
so verharrt er nicht dabei.
Und eben weil er nicht verharrt,
bleibt er nicht verlassen.

3

Die Tüchtigen nicht bevorzugen,
so macht man, daß das Volk nicht streitet.
Kostbarkeiten nicht schätzen,
so macht man, daß das Volk nicht stiehlt.
Nichts Begehrenswertes zeigen,
so macht man, daß des Volkes Herz nicht wirr wird.

Darum regiert der Berufene also:
Er leert ihre Herzen und füllt ihren Leib.
Er schwächt ihren Willen und stärkt ihre Knochen
und macht, daß das Volk ohne Wissen
und ohne Wünsche bleibt,
und sorgt dafür,
daß jene Wissenden nicht zu handeln wagen.
Er macht das Nichtmachen,
so kommt alles in Ordnung.

4

Der *Sinn* ist immer strömend.
Aber er läuft in seinem Wirken doch nie über.
Ein Abgrund ist er, wie der Ahn aller Dinge.
Er mildert ihre Schärfe.
Er löst ihre Wirrsale.
Er mäßigt ihren Glanz.
Er vereinigt sich mit ihrem Staub.
Tief ist er und doch wie wirklich.
Ich weiß nicht, wessen Sohn er ist.
Er scheint früher zu sein als Gott.

5

Himmel und Erde sind nicht gütig.
Ihnen sind die Menschen wie stroherne Opferhunde.
Der Berufene ist nicht gütig.
Ihm sind die Menschen wie stroherne Opferhunde.
Der Zwischenraum zwischen Himmel und Erde
ist wie eine Flöte,
leer und fällt doch nicht zusammen;
bewegt kommt immer mehr daraus hervor.
Aber viele Worte erschöpfen sich daran.
Besser ist es, das Innere zu bewahren.

6

Der Geist des Tals stirbt nicht,
das heißt das dunkle Weib.
Daß Tor des dunklen Weibs,
das heißt die Wurzel von Himmel und Erde.
Ununterbrochen wie beharrend
wirkt es ohne Mühe.

7

Der Himmel ist ewig und die Erde dauernd.
Sie sind dauernd und ewig,
weil sie nicht sich selber leben.
Deshalb können sie ewig leben.

Also auch der Berufene:
Er setzt sein Selbst hintan,
und sein Selbst kommt voran.
Er entäußert sich seines Selbst,
und sein Selbst bleibt erhalten.
Ist es nicht also:
Weil er nichts Eigenes will,
darum wird sein Eigenes vollendet?

8

Höchste Güte ist wie das Wasser.
Des Wassers Güte ist es,
allen Wesen zu nützen ohne Streit.
Es weilt an Orten, die alle Menschen verachten.
Drum steht es nahe dem *Sinn*.
Beim Wohnen zeigt sich die Güte an dem Platze.
Beim Denken zeigt sich die Güte in der Tiefe.
Beim Schenken zeigt sich die Güte in der Liebe.
Beim Reden zeigt sich die Güte in der Wahrheit.
Beim Walten zeigt sich die Güte in der Ordnung.
Beim Wirken zeigt sich die Güte im Können.
Beim Bewegen zeigt sich die Güte in der rechten Zeit.
Wer sich nicht selbst behauptet,
bleibt eben dadurch frei von Tadel.

9

Etwas festhalten wollen und dabei es überfüllen:
das lohnt der Mühe nicht.
Etwas handhaben wollen und dabei es immer scharf
halten:
das läßt sich nicht lange bewahren.
Mit Gold und Edelsteinen gefüllten Saal
kann niemand beschützen.
Reich und vornehm und dazu hochmütig sein:
das zieht von selbst das Unglück herbei.
Ist das Werk vollbracht, dann sich zurückziehen:
das ist des Himmels *Sinn*.

10

Kannst du deine Seele bilden, daß sie das Eine um-
fängt,
ohne sich zu zerstreuen?
Kannst du deine Kraft einheitlich machen
und die Weichheit erreichen,
daß du wie ein Kindlein wirst?
Kannst du dein geheimes Schauen so reinigen,
daß es frei von Flecken wird?
Kannst du die Menschen lieben und den Staat lenken,
daß du ohne Wissen bleibst?
Kannst du, wenn des Himmels Pforten
sich öffnen und schließen,
wie eine Henne sein?
Kannst du mit deiner inneren Klarheit und Reinheit
alles durchdringen, ohne des Handelns zu bedürfen?
Erzeugen und ernähren,
erzeugen und nicht besitzen,
wirken und nicht behalten,
mehren und nicht beherrschen:
das ist geheimes *Leben*.

11

Dreißig Speichen umgeben eine Nabe:
In ihrem Nichts besteht des Wagens Werk.
Man höhlet Ton und bildet ihn zu Töpfen:
In ihrem Nichts besteht der Töpfe Werk.
Man gräbt Türen und Fenster, damit die Kammer werde:
In ihrem Nichts besteht der Kammer Werk.
Darum: Was ist, dient zum Besitz. Was nicht ist, dient zum Werk.

12

Die fünferlei Farben machen der Menschen Augen
blind.
Die fünferlei Töne machen der Menschen Ohren taub.
Die fünferlei Würzen machen der Menschen Gaumen
schal.
Rennen und jagen machen der Menschen Herzen toll.
Seltene Güter machen der Menschen Wandel wirr.

Darum wirkt der Berufene für den Leib und nicht fürs
Auge.
Er entfernt das andere und nimmt dieses.

13

Gnade ist beschämend wie ein Schreck.
Ehre ist ein großes Übel wie die Person.
Was heißt das: »Gnade ist beschämend wie ein
Schreck«?
Gnade ist etwas Minderwertiges.
Man erlangt sie und ist wie erschrocken.
Man verliert sie und ist wie erschrocken.
Das heißt: »Gnade ist beschämend wie ein Schreck«.
Was heißt das: »Ehre ist ein großes Übel wie die Per-
son«?
Der Grund, warum ich große Übel erfahre, ist,
daß ich eine Person habe.
Habe ich keine Person,
was für Übel könnte ich dann erfahren?

Darum: Wer in seiner Person die Welt ehrt,
dem kann man wohl die Welt anvertrauen.
Wer in seiner Person die Welt liebt,
dem kann man wohl die Welt übergeben.

14

Man schaut nach ihm und sieht es nicht:
Sein Name ist Keim.
Man horcht nach ihm und hört es nicht:
Sein Name ist Fein.
Man faßt nach ihm und fühlt es nicht:
Sein Name ist Klein.
Diese drei kann man nicht trennen,
darum bilden sie vermischt Eines.
Sein Oberes ist nicht licht,
sein Unteres ist nicht dunkel.
Ununterbrochen quellend,
kann man es nicht nennen.
Er kehrt wieder zurück zum Nichtwesen.
Das heißt die gestaltlose Gestalt,
das dinglose Bild.
Das heißt das dunkel Chaotische.
Ihm entgegengehend sieht man nicht sein Antlitz,
ihm folgend sieht man nicht seine Rückseite.
Wenn man festhält den *Sinn* des Altertums,
um zu beherrschen das Sein von heute,
so kann man den alten Anfang wissen.
Das heißt des *Sinns* durchgehender Faden.

15

Die vor alters tüchtig waren als Meister,
waren im Verborgenen eins mit den unsichtbaren Kräften.
Tief waren sie, so daß man sie nicht kennen kann.
Weil man sie nicht kennen kann,
darum kann man nur mit Mühe ihr Äußeres beschreiben.
Zögernd, wie wer im Winter einen Fluß durchschreitet,
vorsichtig, wie wer von allen Seiten Nachbarn fürchtet,
zurückhaltend wie Gäste,
vergehend wie Eis, das am Schmelzen ist,
einfach, wie unbearbeiteter Stoff,
weit waren sie, wie das Tal,
undurchsichtig waren sie, wie das Trübe.
Wer kann (wie sie) das Trübe durch Stille allmählich
klären?
Wer kann (wie sie) die Ruhe
durch Dauer allmählich erzeugen?
Wer diesen *Sinn* bewahrt,
begehrt nicht Fülle.
Denn nur weil er keine Fülle hat,
darum kann er gering sein,
das Neue meiden
und die Vollendung erreichen.

16

Schaffe Leere bis zum Höchsten!
Wahre die Stille bis zum Völligsten!
Alle Dinge mögen sich dann zugleich erheben.
Ich schaue, wie sie sich wenden.
Die Dinge in all ihrer Menge,
ein jedes kehrt zurück zu seiner Wurzel.
Rückkehr zur Wurzel heilst Stille.
Stille heißt Wendung zum Schicksal.
Wendung zum Schicksal heißt Ewigkeit.
Erkenntnis der Ewigkeit heißt Klarheit.
Erkennt man das Ewige nicht,
so kommt man in Wirrnis und Sünde.
Erkennt man das Ewige,
so wird man duldsam.
Duldsamkeit führt zur Gerechtigkeit.
Gerechtigkeit führt zur Herrschaft.
Herrschaft führt zum Himmel.
Himmel führt zum *Sinn*.
Sinn führt zur Dauer.
Sein Leben lang kommt man nicht in Gefahr.

17

Herrscht ein ganz Großer,
so weiß das Volk kaum, daß er da ist.
Mindere werden geliebt und gelobt,
noch Mindere werden gefürchtet,
noch Mindere werden verachtet.
Wie überlegt muß man sein in seinen Worten!
Die Werke sind vollbracht, die Geschäfte gehen ihren
Lauf,
und die Leute denken alle:
»Wir sind frei.«

18

Geht der große *Sinn* zugrunde,
so gibt es Sittlichkeit und Pflicht.
Kommen Klugheit und Wissen auf,
so gibt es die großen Lügen.
Werden die Verwandten uneins,
so gibt es Kindespflicht und Liebe.
Geraten die Staaten in Verwirrung,
so gibt es die treuen Beamten.

19

Tut ab die Heiligkeit, werft weg das Wissen,
so wird das Volk hundertfach gewinnen.
Tut ab die Sittlichkeit, werft weg die Pflicht,
so wird das Volk zurückkehren zu Kindespflicht und
Liebe.
Tut ab die Geschicklichkeit, werft weg den Gewinn,
so wird es Diebe und Räuber nicht mehr geben.
In diesen drei Stücken
ist der schöne Schein nicht ausreichend.
Darum sorgt, daß die Menschen sich an etwas halten
können.
Zeigt Einfachheit, haltet fest die Lauterkeit!
Mindert Selbstsucht, verringert die Begierden!
Gebt auf die Gelehrsamkeit!
So werdet ihr frei von Sorgen.

20

Zwischen »Gewiß« und »jawohl«:
was ist da für ein Unterschied?
Zwischen »Gut« und »Böse«;
was ist da für ein Unterschied?
Was die Menschen ehren, muß man ehren.
0 Einsamkeit, wie lange dauerst Du?
Alle Menschen sind so strahlend,
als ginge es zum großen Opfer,
als stiegen sie im Frühling auf die Türme.
Nur ich bin so zögernd, mir ward noch kein Zeichen,
wie ein Säugling, der noch nicht lachen kann,
unruhig, umgetrieben, als hätte ich keine Heimat.
Alle Menschen haben Überfluß;
nur ich bin wie vergessen.
Ich habe das Herz eines Toren, so wirr und dunkel.
Die Weltmenschen sind hell, ach so hell;
nur ich bin wie trübe.
Die Weltmenschen sind klug, ach so klug;
nur ich bin wie verschlossen in mir,
unruhig, ach, als wie das Meer,
wirbelnd, ach, ohn Unterlaß.
Alle Menschen haben ihre Zwecke;
nur ich bin müßig wie ein Bettler.
Ich allein bin anders als die Menschen:
Doch ich halte es wert,
Nahrung zu suchen bei der Mutter.

21

Des großen *Lebens* Inhalt
folgt ganz dem *Sinn*.
Der *Sinn* bewirkt die Dinge
so chaotisch, so dunkel.
Chaotisch, dunkel
sind in ihm Bilder.
Dunkel, chaotisch
sind in ihm Dinge.
Unergründlich finster
ist in ihm Same.
Dieser Same ist ganz wahr.
In ihm ist Zuverlässigkeit.
Von alters bis heute
sind die Namen nicht zu entbehren,
um zu überschauen alle Dinge.
Woher weiß ich aller Dinge Art?
Eben durch sie.

22

Was halb ist, wird ganz werden.
Was krumm ist, wird gerade werden.
Was leer ist, wird voll werden.
Was alt ist, wird neu werden.
Wer wenig hat, wird bekommen.
Wer viel hat, wird benommen.

Also auch der Berufene:
Er umfaßt das Eine
und ist der Welt Vorbild.
Er will nicht selber scheinen,
darum wird er erleuchtet.
Er will nichts selber sein,
darum wird er herrlich.
Er rühmt sich selber nicht,
darum vollbringt er Werke.
Er tut sich nicht selber hervor,
darum wird er erhoben.
Denn wer nicht streitet,
mit dem kann niemand auf der Welt streiten.
Was die Alten gesagt: »Was halb ist, soll voll werden«,
ist fürwahr kein leeres Wort.
Alle wahre Vollkommenheit ist darunter befaßt.

23

Macht selten die Worte,
dann geht alles von selbst.
Ein Wirbelsturm dauert keinen Morgen lang.
Ein Platzregen dauert keinen Tag.
Und wer wirkt diese?
Himmel und Erde.
Was nun selbst Himmel und Erde nicht dauernd ver-
mögen,
wieviel weniger kann das der Mensch?

Darum: Wenn du an dein Werk gehst mit dem *Sinn*,
so wirst du mit denen, so den *Sinn* haben, eins im *Sinn*,
mit denen, so das *Leben* haben, eins im *Leben*,
mit denen, so arm sind, eins in ihrer Armut.
Bist du eins mit ihnen im *Sinn*,
so kommen dir die, so den *Sinn* haben, auch freudig
entgegen.
Bist du eins mit ihnen im *Leben*,
so kommen dir die, so das *Leben* haben, auch freudig
entgegen.
Bist du eins mit ihnen in ihrer Armut,
so kommen dir die, so da arm sind, auch freudig entge-
gen.
Wo aber der Glaube nicht stark genug ist,
da findet man keinen Glauben.

24

Wer auf den Zehen steht,
steht nicht fest.
Wer mit gespreizten Beinen geht,
kommt nicht voran.
Wer selber scheinen will,
wird nicht erleuchtet.
Wer selber etwas sein will,
wird nicht herrlich.
Wer selber sich rühmt,
vollbringt nicht Werke.
Wer selber sich hervortut,
wird nicht erhoben.
Er ist für den *Sinn* wie Küchenabfall und Eiterbeule.
Und auch die Geschöpfe alle hassen ihn.
Darum: Wer den *Sinn* hat,
weilt nicht dabei.

25

Es gibt ein Ding, das ist unterschiedslos vollendet.
Bevor der Himmel und die Erde waren, ist es schon da,
so still, so einsam.
Allein steht es und ändert sich nicht.
Im Kreis läuft es und gefährdet sich nicht.
Man kann es nennen die Mutter der Welt.
Ich weiß nicht seinen Namen.
Ich bezeichne es als *Sinn*.
Mühsam einen Namen ihm gebend,
nenne ich es: groß.
Groß, das heißt immer bewegt.
Immer bewegt, das heißt ferne.
Ferne, das heißt zurückkehrend.
So ist der *Sinn* groß, der Himmel groß, die Erde groß,
und auch der Mensch ist groß.
Vier Große gibt es im Räume,
und der Mensch ist auch darunter.
Der Mensch richtet sich nach der Erde.
Die Erde richtet sich nach dem Himmel.
Der Himmel richtet sich nach dem *Sinn*.
Der *Sinn* richtet sich nach sich selber.

26

Das Gewichtige ist des Leichten Wurzel.
Die Stille ist der Unruhe Herr.

Also auch der Berufene:
Er wandert den ganzen Tag,
ohne sich vom schweren Gepäck zu trennen.
Mag er auch alle Herrlichkeiten vor Augen haben:
Er weilt zufrieden in seiner Einsamkeit.
Wieviel weniger erst darf der Herr des Reiches
in seiner Person den Erdkreis leicht nehmen!
Durch Leichtnehmen verliert man die Wurzel.
Durch Unruhe verliert man die Herrschaft.

27

Ein guter Wanderer läßt keine Spur zurück.
Ein guter Redner braucht nichts zu widerlegen.
Ein guter Rechner braucht keine Rechenstäbchen.
Ein guter Schließer braucht nicht Schloß noch Schlüssel,
und doch kann niemand auftun.
Ein guter Binder braucht nicht Strick noch Bänder,
und doch kann niemand lösen.
Der Berufene versteht es immer gut, die Menschen zu
retten;
darum gibt es für ihn keine verworfenen Menschen.
Er versteht es immer gut, die Dinge zu retten;
darum gibt es für ihn keine verworfenen Dinge.
Das heißt die Klarheit erben.
So sind die guten Menschen die Lehrer der Nichtguten,
und die nichtguten Menschen sind der Stoff für die Gu-
ten.
Wer seine Lehrer nicht werthielte
und seinen Stoff nicht liebte,
der wäre bei allem Wissen in schwerem Irrtum.
Das ist das große Geheimnis.

28

Wer seine Mannheit kennt
und seine Weibheit wahrt,
der ist die Schlucht der Welt.
Ist er die Schlucht der Welt,
so verläßt ihn nicht das ewige *Leben,*
und er wird wieder wie ein Kind.

Wer seine Reinheit kennt
und seine Schwäche wahrt,
ist Vorbild für die Welt.
Ist Vorbild er der Welt,
so weicht von ihm nicht das ewige *Leben,*
und er kehrt wieder zum Ungewordenen um.

Wer seine Ehre kennt
und seine Schmach bewahrt,
der ist das Tal der Welt.
Ist er das Tal der Welt,
so hat er Genüge am ewigen *Leben,*
und er kehrt zurück zur Einfalt.

Ist die Einfalt zerstreut, so gibt es »brauchbare« Menschen.
Übt der Berufene sie aus, so wird er der Herr der Beamten.
Darum: Großartige Gestaltung
bedarf nicht des Beschneidens.

29

Die Welt erobern und behandeln wollen,
ich habe erlebt, daß das mißlingt.
Die Welt ist ein geistiges Ding,
das man nicht behandeln darf.
Wer sie behandelt, verdirbt sie,
wer sie festhalten will, verliert sie.
Die Dinge gehen bald voran, bald folgen sie,
bald hauchen sie warm, bald blasen sie kalt,
bald sind sie stark, bald sind sie dünn,
bald schwimmen sie oben, bald stürzen sie
Darum meidet der Berufene
das Zusehr, das Zuviel, das Zugroß.

30

Wer im rechten *Sinn* einem Menschenherrscher hilft,
vergewaltigt nicht durch Waffen die Welt,
denn die Handlungen kommen auf das eigene Haupt
zurück.
Wo die Heere geweilt haben, wachsen Disteln und
Dornen.
Hinter den Kämpfen her kommen immer Hungerjahre.
Darum sucht der Tüchtige nur Entscheidung, nichts
weiter;
er wagt nicht, durch Gewalt zu erobern.
Entscheidung, ohne sich zu brüsten,
Entscheidung, ohne sich zu rühmen,
Entscheidung, ohne stolz zu sein,
Entscheidung, weil's nicht anders geht,
Entscheidung, ferne von Gewalt.

31

Waffen sind unheilvolle Geräte,
alle Wesen hassen sie wohl.
Darum will der, der den rechten *Sinn* hat,
nichts von ihnen wissen.
Der Edle in seinem gewöhnlichen Leben
achtet die Linke als Ehrenplatz.
Beim Waffenhandwerk ist die Rechte der Ehrenplatz.
Die Waffen sind unheilvolle Geräte,
nicht Geräte für den Edlen.
Nur wenn er nicht anders kann, gebraucht er sie,
Ruhe und Frieden sind ihm das Höchste.
Er siegt, aber er freut sich nicht daran.
Wer sich daran freuen wollte,
würde sich ja des Menschenmordes freuen.
Wer sich des Menschenmordes freuen wollte,
kann nicht sein Ziel erreichen in der Welt.
Bei Glücksfällen achtet man die Linke als Ehrenplatz.
Bei Unglücksfällen achtet man die Rechte .als Ehrenplatz.
Der Unterfeldherr steht zur Linken,
der Oberführer steht zur Rechten.
Das heißt, er nimmt seinen Platz ein
nach dem Brauch der Trauerfeiern.
Menschen töten in großer Zahl,
das soll man beklagen mit Tränen des Mitleids.
Wer im Kampfe gesiegt,
der soll wie bei einer Trauerfeier weilen.

32

Der *Sinn* als Ewiger ist namenlose Einfalt.
Obwohl klein,
wagt die Welt ihn nicht zum Diener zu machen.
Wenn Fürsten und Könige ihn so wahren könnten,
so würden alle Dinge sich als Gäste einstellen.
Himmel und Erde würden sich vereinen,
um süßen Tau zu träufeln.
Das Volk würde ohne Befehle
von selbst ins Gleichgewicht kommen.
Wenn die Gestaltung beginnt,
dann erst gibt es Namen.
Die Namen erreichen auch das Sein,
und man weiß auch noch, wo haltzumachen ist.
Weiß man, wo haltzumachen ist,
so kommt man nicht in Gefahr.
Man kann das Verhältnis des *Sinns* zur Welt verglei-
chen
mit den Bergbächen und Talwassern,
die sich in Ströme und Meere ergießen.

33

Wer andre kennt, ist klug.
Wer sich selber kennt, ist weise.
Wer andere besiegt, hat Kraft.
Wer sich selber besiegt, ist stark.
Wer sich durchsetzt, hat Willen.
Wer sich genügen läßt, ist reich.
Wer seinen Platz nicht verliert, hat Dauer.
Wer auch im Tode nicht untergeht, der lebt.

34

Der große *Sinn* ist überströmend;
er kann zur Rechten sein und zur Linken.
Alle Dinge verdanken ihm ihr Dasein,
und er verweigert sich ihnen nicht.
Ist das Werk vollbracht,
so heißt er es nicht seinen Besitz.
Er kleidet und nährt alle Dinge
und spielt nicht ihren Herrn.
Sofern er ewig nicht begehrend ist,
kann man ihn als klein bezeichnen.
Sofern alle Dinge von ihm abhängen,
ohne ihn als Herrn zu kennen,
kann man ihn als groß bezeichnen.

Also auch der Berufene:
Niemals macht er sich groß;
darum bringt er sein Großes Werk zustande.

35

Wer festhält das große Urbild,
zu dem kommt die Welt.
Sie kommt und wird nicht verletzt,
in Ruhe, Gleichheit und Seligkeit.

Musik und Köder:
Sie machen wohl den Wanderer auf seinem Wege an-
halten.
Der *Sinn* geht aus dem Munde hervor,
milde und ohne Geschmack.
Du blickst nach ihm und siehst nichts Sonderliches.
Du horchst nach ihm und hörst nichts Sonderliches.
Du handelst nach ihm und findest kein Ende.

36

Was du zusammendrücken willst,
das mußt du erst richtig sich ausdehnen lassen.
Was du schwächen willst,
das mußt du erst richtig stark werden lassen.
Was du vernichten willst,
das mußt du erst richtig aufblühen lassen.
Wem du nehmen willst,
dem mußt du erst richtig geben.
Das heißt Klarheit über das Unsichtbare.
Das Weiche siegt über das Harte.
Das Schwache siegt über das Starke.
Den Fisch darf man nicht der Tiefe entnehmen.
Des Reiches Förderungsmittel
darf man nicht den Leuten zeigen.

37

Der *Sinn* ist ewig ohne Machen,
und nichts bleibt ungemacht.
Wenn Fürsten und Könige ihn zu wahren verstehen,
so werden alle Dinge sich von selber gestalten.
Gestalten sie sich und es erheben sich die Begierden,
so würde ich sie bannen durch namenlose Einfalt.
Namenlose Einfalt bewirkt Wunschlosigkeit.
Wunschlosigkeit macht still,
und die Welt wird von selber recht.

38

Wer das *Leben* hochhält, weiß nichts vom *Leben*;
darum hat er *Leben*.
Wer das *Leben* nicht hochhält,
sucht das *Leben* nicht zu verlieren;
darum hat er kein *Leben*.
Wer das *Leben* hochhält,
handelt nicht und hat keine Absichten.
Wer das *Leben* nicht hochhält,
handelt und hat Absichten.
Wer die Liebe hochhält, handelt, aber hat keine Absichten.
Wer die Gerechtigkeit hochhält, handelt und hat Absichten.
Wer die Sitte hochhält, handelt,
und wenn ihm jemand nicht erwidert,
so fuchtelt er mit den Armen und holt ihn heran.
Darum: Ist der *Sinn* verloren, dann das *Leben*.
Ist das *Leben* verloren, dann die Liebe.
Ist die Liebe verloren, dann die Gerechtigkeit.
Ist die Gerechtigkeit verloren, dann die Sitte.
Die Sitte ist Treu und Glaubens Dürftigkeit
und der Verwirrung Anfang.
Vorherwissen ist des *Sinn*ES Schein
und der Torheit Beginn.
Darum bleibt der rechte Mann beim Völligen
und nicht beim Dürftigen.
Er wohnt im Sein und nicht im Schein.
Er tut das andere ab und hält sich an dieses.

39

Die einst das Eine erlangten:
Der Himmel erlangte das Eine und wurde rein.
Die Erde erlangte das Eine und wurde fest.
Die Götter erlangten das Eine und wurden mächtig.
Das Tal erlangte das Eine und erfüllte sich.
Alle Dinge erlangten das Eine und entstanden.
Könige und Fürsten erlangten das Eine
und wurden das Vorbild der Welt.
Das alles ist durch das Eine bewirkt.
Wäre der Himmel nicht rein dadurch, so müßte er bersten.
Wäre die Erde nicht fest dadurch, so müßte sie wanken.
Wären die Götter nicht mächtig dadurch, so müßten sie
erstarren.
Wäre das Tal nicht erfüllt dadurch, so müßte es sich erschöpfen.
Wären alle Dinge nicht erstanden dadurch, so müßten
sie erlöschen.
Wären die Könige und Fürsten nicht erhaben dadurch,
so müßten sie stürzen.
Darum: Das Edle hat das Geringe zur Wurzel.
Das Hohe hat das Niedrige zur Grundlage.
Also auch die Fürsten und Könige:
Sie nennen sich: »Einsam«, »Verwaist«, »Wenigkeit«.
Dadurch bezeichnen sie das Geringe als ihre Wurzel.
Oder ist es nicht so?
Denn: Ohne die einzelnen Bestandteile eines Wagens
gibt es keinen Wagen.
Wünsche nicht das glänzende Gleißen des Juwels,
sondern die rohe Rauheit des Steins.

40

Rückkehr ist die Bewegung des *Sinns*.
Schwachheit ist die Wirkung des *Sinns*.
Alle Dinge unter dem Himmel entstehen im Sein.
Das Sein entsteht im Nichtsein.

41

Wenn ein Weiser höchster Art vom *Sinn* hört,
so ist er eifrig und tut danach.
Wenn ein Weiser mittlerer Art vom *Sinn* hört,
so glaubt er halb, halb zweifelt er.
Wenn ein Weiser niedriger Art vom *Sinn* hört,
so lacht er laut darüber.
Wenn er nicht laut lacht,
so war es noch nicht der eigentliche *Sinn*.

Darum hat ein Spruchdichter die Worte:
»Der klare *Sinn* erscheint dunkel.
Der *Sinn* des Fortschritts erscheint als Rückzug.
Das höchste *Leben* erscheint als Tal.
Der ebene *Sinn* erscheint rauh.
Die höchste Reinheit erscheint als Schmach.
Das weite *Leben* erscheint als ungenügend.
Das starke *Leben* erscheint verstohlen.
Das wahre Wesen erscheint veränderlich.
Das große Geviert hat keine Ecken.
Das große Gerät wird spät vollendet.
Der große Ton hat unhörbaren Laut.
Das große Bild hat keine Form.«

Der *Sinn* in seiner Verborgenheit ist ohne Namen.
Und doch ist gerade der *Sinn* gut
im Spenden und Vollenden.

42

Der *Sinn* erzeugt die Eins.
Die Eins erzeugt die Zwei.
Die Zwei erzeugt die Drei.
Die Drei erzeugt alle Dinge.
Alle Dinge haben im Rücken das Dunkle
und streben nach dem Licht,
und die strömende Kraft gibt ihnen Harmonie.

Was die Menschen hassen,
ist Verlassenheit, Einsamkeit, Wenigkeit.
Und doch wählen Fürsten und Könige
sie zu ihrer Selbstbezeichnung.
Denn die Dinge werden
entweder durch Verringerung vermehrt
oder durch Vermehrung verringert.
Was andre lehren, lehre ich auch:
»Die Starken sterben nicht eines natürlichen Todes«.
Das will ich zum Ausgangspunkt meiner Lehre machen.

43

Das Allerweichste auf Erden
überholt das Allerhärteste auf Erden.
Das Nichtseiende dringt auch noch ein in das,
was keinen Zwischenraum hat.
Daran erkennt man den Wert des Nicht-Handelns.
Die Belehrung ohne Worte, den Wert des Nicht-
Handelns
erreichen nur wenige auf Erden.

44

Der Name oder die Person:
was steht näher?
Die Person oder der Besitz:
was ist mehr?
Gewinnen oder verlieren:
was ist schlimmer?

Nun aber:
Wer sein Herz an andres hängt,
verbraucht notwendig Großes.
Wer viel sammelt,
verliert notwendig Wichtiges.
Wer sich genügen lässet,
kommt nicht in Schande.
Wer Einhalt zu tun weiß,
kommt nicht in Gefahr
und kann so ewig dauern.

45

Große Vollendung muß wie unzulänglich erscheinen,
so wird sie unendlich in ihrer Wirkung.
Große Fülle muß wie strömend erscheinen,
so wird sie unerschöpflich in ihrer Wirkung.
Große Geradheit muß wie krumm erscheinen.
Große Begabung muß wie dumm erscheinen.
Große Beredsamkeit muß wie stumm erscheinen.
Bewegung überwindet die Kälte.
Stille überwindet die Hitze.
Reinheit und Stille sind der Welt Richtmaß.

.

46

Wenn der *Sinn* herrscht auf Erden,
so tut man die Rennpferde ab zum Dungführen.
Wenn der *Sinn* abhanden ist auf Erden,
so werden Kriegsrosse gezüchtet auf dem Anger.
Es gibt keine größere Sünde als viele Wünsche.
Es gibt kein größeres Übel als kein Genüge kennen.
Es gibt keinen größeren Fehler als haben wollen.

Darum:
Das Genügen der Genügsamkeit ist dauerndes Genügen.

47

Ohne aus der Tür zu gehen,
kennt man die Welt.
Ohne aus dem Fenster zu schauen,
sieht man den *Sinn* des Himmels.
Je weiter einer hinausgeht,
desto geringer wird sein Wissen.

Darum braucht der Berufene nicht zu gehen
und weiß doch alles.
Er braucht nicht zu sehen
und ist doch klar.
Er braucht nichts zu machen
und vollendet doch.

48

Wer das Lernen übt, vermehrt täglich.
Wer den *Sinn* übt, vermindert täglich.
Er vermindert und vermindert,
bis er schließlich ankommt beim Nichtsmachen.
Beim Nichtsmachen bleibt nichts ungemacht.
Das Reich erlangen kann man nur,
wenn man immer frei bleibt von Geschäftigkeit.
Die Vielbeschäftigten sind nicht geschickt,
das Reich zu erlangen.

49

Der Berufene hat kein eigenes Herz.
Er macht das Herz der Leute zu seinem Herzen.
Zu den Guten bin ich gut,
zu den Nichtguten bin ich auch gut;
denn das *Leben* ist die Güte.
Zu den Treuen bin ich treu,
zu den Untreuen bin ich auch treu;
denn das *Leben* ist die Treue.
Der Berufene lebt in der Welt ganz still
und macht sein Herz für die Welt weit.
Die Leute alle blicken und horchen nach ihm.
Und der Berufene nimmt sie alle an als seine Kinder.

50

Ausgehen ist Leben, eingehen ist Tod.
Gesellen des Lebens gibt es drei unter zehn,
Gesellen des Todes gibt es drei unter zehn.
Menschen, die leben und dabei sich auf den Ort des
Todes zubewegen,
gibt es auch drei unter zehn.
Was ist der Grund davon?
Weil sie ihres Lebens Steigerung erzeugen wollen.
Ich habe wohl gehört, wer gut das Leben zu führen
weiß,
der wandert über Land und trifft nicht Nashorn noch
Tiger.
Er schreitet durch ein Heer und meidet nicht Panzer
und Waffen.
Das Nashorn findet nichts, worein es sein Hörn bohren
kann.
Der Tiger findet nichts, darein er seine Krallen schlagen
kann.
Die Waffe findet nichts, das ihre Schärfe aufnehmen
kann.
Warum das?
Weil er keine sterbliche Stelle hat.

51

Der *Sinn* erzeugt.
Das *Leben* nährt.
Die Umgebung gestaltet.
Die Einflüsse vollenden.
Darum ehren alle Wesen den *Sinn*
und schätzen das *Leben*.
Der *Sinn* wird geehrt,
das *Leben* wird geschätzt
ohne äußere Ernennung, ganz von selbst.

Also: der *Sinn* erzeugt, das *Leben* nährt,
läßt wachsen, pflegt,
vollendet, hält,
bedeckt und schirmt.

52

Die Welt hat einen Anfang,
das ist die Mutter der Welt.
Wer die Mutter findet,
um ihre Söhne zu kennen,
wer ihre Söhne kennt
und sich wieder zur Mutter wendet,
der kommt sein Leben lang nicht in Gefahr.
Wer seinen Mund schließt
und seine Pforten zumacht,
der kommt sein Leben lang nicht in Mühen.
Wer seinen Mund auftut
und seine Geschäfte in Ordnung bringen will,
dem ist sein Leben lang nicht zu helfen.
Das Kleinste sehen heißt klar sein.
Die Weisheit wahren heißt stark sein.
Wenn man sein Licht benützt,
um zu dieser Klarheit zurückzukehren,
so bringt man seine Person nicht in Gefahr.
Das heißt die Hülle der Ewigkeit.

53

Wenn ich wirklich weiß, was es heißt,
im großen *Sinn* zu leben,
so ist es vor allem die Geschäftigkeit,
die ich fürchte.
Wo die großen Straßen schön und eben sind,
aber das Volk Seitenwege liebt;
wo die Hofgesetze streng sind,
aber die Felder voll Unkraut stehen;
wo die Scheunen ganz leer sind,
aber die Kleidung schmuck und prächtig ist;
wo jeder ein scharfes Schwert im Gürtel trägt;
wo man heikel ist im Essen und Trinken
und Güter im Überfluß sind:
da herrscht Verwirrung, nicht Regierung.

54

Was gut gepflanzt ist, wird nicht ausgerissen.
Was gut festgehalten wird, wird nicht entgehen.
Wer sein Gedächtnis Söhnen und Enkeln hinterläßt,
hört nicht auf.
Wer seine Person gestaltet, dessen Leben wird wahr.
Wer seine Familie gestaltet, dessen Leben wird völlig.
Wer seine Gemeinde gestaltet, dessen Leben wird
wachsen.
Wer sein Land gestaltet, dessen Leben wird reich.
Wer die Welt gestaltet, dessen Leben wird weit.
Darum: Nach deiner Person beurteile die Person des
andern.
Nach deiner Familie beurteile die Familie der andern.
Nach deiner Gemeinde beurteile die Gemeinde der an-
dern.
Nach deinem Land beurteile das Land der andern.
Nach deiner Welt beurteile die Welt der andern.
Wie weiß ich die Beschaffenheit der Welt?
Eben durch dies.

55

Wer festhält des *Lebens* Völligkeit,
der gleicht einem neugeborenen Kindlein:
Giftige Schlangen stechen es nicht.
Reißende Tiere packen es nicht.
Raubvögel stoßen nicht nach ihm.
Seine Knochen sind schwach, seine Sehnen weich,
und doch kann es fest zugreifen.
Es weiß noch nichts von Mann und Weib,
und doch regt sich sein Blut,
weil es des Samens Fülle hat.
Es kann den ganzen Tag schreien,
und doch wird seine Stimme nicht heiser,
weil es des Friedens Fülle hat.
Den Frieden erkennen heißt ewig sein.
Die Ewigkeit erkennen heißt klar sein.
Das Leben mehren nennt man Glück.
Für sein Begehren seine Kraft einsetzen nennt man
stark.
Sind die Dinge stark geworden, altern sie.
Denn das ist Wider- *Sinn*.
Und Wider- *Sinn* ist nahe dem Ende.

56

Der Wissende redet nicht.
Der Redende weiß nicht.
Man muß seinen Mund schließen
und seine Pforten zumachen,
seinen Scharfsinn abstumpfen,
seine wirren Gedanken auflösen,
sein Licht mäßigen,
sein Irdisches gemeinsam machen.
Das heißt verborgene Gemeinsamkeit (mit dem *Sinn*).
Wer die hat, den kann man nicht beeinflussen durch
Liebe
und kann ihn nicht beeinflussen durch Kälte.
Man kann ihn nicht beeinflussen durch Gewinn
und kann ihn nicht beeinflussen durch Schaden.
Man kann ihn nicht beeinflussen durch Herrlichkeit
und kann ihn nicht beeinflussen durch Niedrigkeit.
Darum ist er der Herrlichste auf Erden.

57

Zur Leitung des Staates braucht man Regierungskunst,
zum Waffenhandwerk braucht man
außerordentliche Begabung.
Um aber die Welt zu gewinnen,
muß man frei sein von Geschäftigkeit.
Woher weiß ich, daß es also mit der Welt steht?
je mehr es Dinge in der Welt gibt, die man nicht tun
darf,
desto mehr verarmt das Volk.
je mehr die Menschen scharfe Geräte haben,
desto mehr kommen Haus und Staat ins Verderben.
je mehr die Leute Kunst und Schlauheit pflegen,
desto mehr erheben sich böse Zeichen.
je mehr die Gesetze und Befehle prangen,
desto mehr gibt es Diebe und Räuber.

Darum spricht ein Berufener:
Wenn wir nichts machen,
so wandelt sich von selbst das Volk.
Wenn wir die Stille lieben,
so wird das Volk von selber recht.
Wenn wir nichts unternehmen,
so wird das Volk von selber reich.
Wenn wir keine Begierden haben,
so wird das Volk von selber einfältig.

58

Wessen Regierung still und unaufdringlich ist,
dessen Volk ist aufrichtig und ehrlich.
Wessen Regierung scharfsinnig und stramm ist,
dessen Volk ist hinterlistig und unzuverlässig.
Das Unglück ist's, worauf das Glück beruht;
das Glück ist es, worauf das Unglück lauert.
Wer erkennt aber, daß es das Höchste ist,
wenn nicht geordnet wird?
Denn sonst verkehrt die Ordnung sich in Wunderlich-
keiten,
und das Gute verkehrt sich in Aberglaube.
Und die Tage der Verblendung des Volkes
dauern wahrlich lange.

Also auch der Berufene:
Er ist Vorbild, ohne zu beschneiden,
er ist gewissenhaft, ohne zu verletzen,
er ist echt, ohne Willkürlichkeiten,
er ist licht, ohne zu blenden.

59

Bei der Leitung der Menschen und beim Dienst des
Himmels
gibt es nichts Besseres als Beschränkung.
Denn nur durch Beschränkung
kann man frühzeitig die Dinge behandeln.
Durch frühzeitiges Behandeln der Dinge
sammelt man doppelt die Kräfte des *Lebens*.
Durch diese verdoppelten Kräfte des *Lebens*
ist man jeder Lage gewachsen.
Ist man jeder Lage gewachsen,
so kennt niemand unsere Grenzen.
Wenn niemand unsere Grenzen kennt,
können wir die Welt besitzen.
Besitzt man die Mutter der Welt,
so gewinnt man ewige Dauer.
Das ist der *Sinn* der tiefen Wurzel,
des ewigen Daseins
des festen Grundes,
und des dauernden Schauens.

60

Ein großes Land muß man leiten,
wie man kleine Fischlein brät.
Wenn man die Welt verwaltet nach dem *Sinn*,
dann gehen die Abgeschiedenen nicht als Geister um.
Nicht, daß die Abgeschiedenen keine Geister wären,
doch ihre Geister schaden den Menschen nicht.
Nicht nur die Geister schaden den Menschen nicht:
auch der Berufene schadet ihnen nicht.
Wenn nun diese beiden Mächte einander nicht verlet-
zen,
so vereinigen sich ihre *Lebens*kräfte in ihrer Wirkung.

61

Indem ein großes Reich sich stromabwärts hält,
wird es die Vereinigung der Welt.
Es ist das Weibliche der Welt.
Das Weibliche siegt immer
durch seine Stille über das Männliche.
Durch seine Stille hält es sich unten.
Wenn so das große Reich sich unter das kleine stellt,
so gewinnt es dadurch das kleine Reich.
Wenn das kleine Reich sich unter das große stellt,
so wird es dadurch von dem großen Reich gewonnen.
So wird das eine dadurch, daß es sich unten hält, ge-
winnen,
und das andere dadurch, daß es sich unten hält, ge-
wonnen.
Das große Reich will nichts anderes
als die Menschen vereinigen und nähren.
Das kleine Reich will nichts anderes
als sich beteiligen am Dienst der Menschen.
So erreicht jedes, was es will;
aber das große muß unten bleiben.

62

Der *Sinn* ist aller Dinge Heimat,
der guten Menschen Schatz,
der nichtguten Menschen Schutz.
Mit schönen Worten kann man zu Markte gehen.
Mit ehrenhaftem Wandel
kann man sich vor ändern hervortun.
Aber die Nichtguten unter den Menschen,
warum sollte man die wegwerfen?
Darum ist der Herrscher eingesetzt,
und die Fürsten haben ihr Amt.
Ob man auch Zepter von Juwelen hätte,
um sie im feierlichen Viererzug zu übersenden,
nicht kommt das der Gabe gleich,
wenn man diesen *Sinn*
auf seinen Knien dem Herrscher darbringt.
Warum hielten die Alten diesen *Sinn* so wert?
Ist es nicht deshalb, daß es von ihm heißt:
»Wer bittet, der empfängt;
wer Sünden hat, dem werden sie vergeben«?
Darum ist er das Köstlichste auf Erden.

63

Wer das Nichthandeln übt,
sich mit Beschäftigungslosigkeit beschäftigt,
Geschmack findet an dem, was nicht schmeckt:
der sieht das Große im Kleinen und das Viele im Wenigen.
Er vergilt Groll durch *Leben*.
Plane das Schwierige da, wo es noch leicht ist!
Tue das Große da, wo es noch klein ist!
Alles Schwere auf Erden beginnt stets als Leichtes.
Alles Große auf Erden beginnt stets als Kleines.

Darum: Tut der Berufene nie etwas Großes,
so kann er seine großen Taten vollenden.
Wer leicht verspricht,
hält sicher selten Wort.
Wer vieles leicht nimmt,
hat sicher viele Schwierigkeiten.
Darum: Bedenkt der Berufene die Schwierigkeiten,
so hat er nie Schwierigkeiten.

64

Was noch ruhig ist, läßt sich leicht ergreifen.
Was noch nicht hervortritt, läßt sich leicht bedenken.
Was noch zart ist, läßt sich leicht zerbrechen.
Was noch klein ist, läßt sich leicht zerstreuen.
Man muß wirken auf das, was noch nicht da ist.
Man muß ordnen, was noch nicht in Verwirrung ist.
Ein Baum von einem Klafter Umfang
entsteht aus einem haarfeinen Hälmchen.
Ein neun Stufen hoher Turm
entsteht aus einem Häufchen Erde.
Eine tausend Meilen weite Reise
beginnt vor deinen Füßen.
Wer handelt, verdirbt es.
Wer festhält, verliert es.

Also auch der Berufene:
Er handelt nicht, so verdirbt er nichts.
Er hält nicht fest, so verliert er nichts.
Die Leute gehen an ihre Sachen,
und immer wenn sie fast fertig sind,
so verderben sie es.
Das Ende ebenso in acht nehmen wie den Anfang,
dann gibt es keine verdorbenen Sachen.

Also auch der Berufene:
Er wünscht Wunschlosigkeit.
Er hält nicht wert schwer zu erlangende Güter.
Er lernt das Nichtlernen.
Er wendet sich zu dem zurück, an dem die Menge vo-
rübergeht.
Dadurch fördert er den natürlichen Lauf der Dinge
und wagt nicht zu handeln.

65

Die vor alters tüchtig waren
im Walten nach dem *Sinn*,
taten es nicht durch Aufklärung des Volkes,
sondern dadurch, daß sie das Volk töricht hielten.
Daß das Volk schwer zu leiten ist,
kommt daher, daß es zuviel weiß.

Darum: Wer durch Wissen den Staat leitet,
ist der Räuber des Staats.
Wer nicht durch Wissen den Staat leitet,
ist das Glück des Staats.
Wer diese beiden Dinge weiß, der hat ein Ideal.
Immer dies Ideal zu kennen, ist verborgenes *Leben*.
Verborgenes *Leben* ist tief, weitreichend,
anders als alle Dinge;
aber zuletzt bewirkt es das große Gelingen.

66

Daß Ströme und Meere Könige aller Bäche sind,
kommt daher, daß sie sich gut unten halten können.
Darum sind sie die Könige aller Bäche.

Also auch der Berufene:
Wenn er über seinen Leuten stehen will,
so stellt er sich in seinem Reden unter sie.
Wenn er seinen Leuten voran sein will,
so stellt er sich in seiner Person hintan.
Also auch:
Er weilt in der Höhe,
und die Leute werden durch ihn nicht belastet.
Er weilt am ersten Platze,
und die Leute werden von ihm nicht verletzt.
Also auch:
Die ganze Welt ist willig, ihn voranzubringen,
und wird nicht unwillig.
Weil er nicht streitet,
kann niemand auf der Welt mit ihm streiten.

67

Alle Welt sagt, mein *Sinn* sei zwar groß,
aber sozusagen unbrauchbar.
Gerade weil er groß ist,
deshalb ist er sozusagen unbrauchbar.
Wenn er brauchbar wäre,
so wäre er längst klein geworden.
Ich habe drei Schätze,
die ich schätze und wahre.
Der eine heißt: die Liebe;
der zweite heißt: die Genügsamkeit;
der dritte heißt: nicht wagen, in der Welt voranzu-
stehen.
Durch Liebe kann man mutig sein,
durch Genügsamkeit kann man weitherzig sein.
Wenn man nicht wagt, in der Welt voranzustehen,
kann man das Haupt der fertigen Menschen sein.
Wenn man nun ohne Liebe mutig sein will,
wenn man ohne Genügsamkeit weitherzig sein will,

wenn man ohne zurückzustehen
vorankommen will:
das ist der Tod.
Wenn man Liebe hat im Kampf,
so siegt man.
Wenn man sie hat bei der Verteidigung,
so ist man unüberwindlich.
Wen der Himmel retten will,
den schützt er durch die Liebe.

68

Wer gut zu führen weiß,
ist nicht kriegerisch.
Wer gut zu kämpfen weiß,
ist nicht zornig.
Wer gut die Feinde zu besiegen weiß,
kämpft nicht mit ihnen.
Wer gut die Menschen zu gebrauchen weiß,
der hält sich unten.
Das ist das *Leben*, das nicht streitet;
das ist die Kraft, die Menschen zu gebrauchen;
das ist der Pol, der bis zum Himmel reicht.

69

Bei den Soldaten gibt es ein Wort:
Ich wage nicht, den Herrn zu machen,
sondern mache lieber den Gast.
Ich wage nicht, einen Zoll vorzurücken,
sondern ziehe mich lieber einen Fuß zurück.
Das heißt gehen ohne Beine,
fechten ohne Arme,
werfen, ohne anzugreifen,
halten, ohne die Waffen zu gebrauchen.

Es gibt kein größeres Unglück,
als den Feind zu unterschätzen.
Wenn ich den Feind unterschätze,
stehe ich in Gefahr, meine Schätze zu verlieren.
Wo zwei Armeen kämpfend aufeinanderstoßen,
da siegt der, der es schweren Herzens tut.

70

Meine Worte sind sehr leicht zu verstehen,
sehr leicht auszuführen.
Aber niemand auf Erden kann sie verstehen,
kann sie ausführen.
Die Worte haben einen Ahn.
Die Taten haben einen Herrn,
Weil man die nicht versteht,
versteht man mich nicht.
Eben daß ich so selten verstanden werde,
darauf beruht mein Wert.
Darum geht der Berufene im härenen Gewand:
aber im Busen birgt er ein Juwel.

71

Die Nichtwissenheit wissen
ist das Höchste.
Nicht wissen, was Wissen ist,
ist ein Leiden.
Nur wenn man unter diesem Leiden leidet,
wird man frei von Leiden.
Daß der Berufene nicht leidet,
kommt daher, daß er an diesem Leiden leidet;
darum leidet er nicht.

72

Wenn die Leute das Schreckliche nicht fürchten,
dann kommt der große Schrecken.
Macht nicht eng ihre Wohnung
und nicht verdrießlich ihr Leben.
Denn nur dadurch, daß sie nicht in der Enge leben,
wird ihr Leben nicht verdrießlich.

Also auch der Berufene:
Er erkennt sich selbst, aber er will nicht scheinen.
Er liebt sich selbst, aber er sucht nicht Ehre für sich.
Er entfernt das andere und nimmt dieses.

73

Wer Mut zeigt in Waghalsigkeiten,
der kommt um.
Wer Mut zeigt, ohne waghalsig zu sein,
der bleibt am Leben.
Von diesen beiden hat die eine Art Gewinn,
die andre Schaden.
Wer aber weiß den Grund davon,
daß der Himmel einen haßt?

Also auch der Berufene:
Er sieht die Schwierigkeiten.

Des Himmels *Sinn* streitet nicht
und ist doch gut im Siegen.
Er redet nicht
und findet doch gute Antwort.
Er winkt nicht,
und es kommt doch alles von selbst.
Er ist gelassen
und ist doch gut im Planen.
Des Himmels Netz ist ganz weitmaschig,
aber es verliert nichts.

74

Wenn die Leute den Tod nicht scheuen,
wie will man sie denn mit dem Tode einschüchtern?
Wenn ich aber die Leute
beständig in Furcht vor dem Tode halte,
und wenn einer Wunderliches treibt,
soll ich ihn ergreifen und töten?
Wer traut sich das?
Es gibt immer eine Todesmacht, die tötet.
Anstelle dieser Todesmacht zu töten, das ist,
wie wenn man anstelle eines Zimmermanns
die Axt führen wollte.

Wer statt des Zimmermanns
die Axt führen wollte,
kommt selten davon,
ohne daß er sich die Hand verletzt.

75

Daß das Volk hungert,
kommt davon her,
daß seine Oberen zu viele Steuern fressen;
darum hungert es.
Daß das Volk schwer zu leiten ist,
kommt davon her,
daß seine Oberen zu viel machen;
darum ist es schwer zu leiten.

Daß das Volk den Tod zu leicht nimmt,
kommt davon her,
daß seine Oberen des Lebens Fülle zu reichlich suchen;
darum nimmt es den Tod zu leicht.
Wer aber nicht um des Lebens Willen handelt,
der ist besser als der, dem das Leben teuer ist.

76

Der Mensch, wenn er ins Leben tritt,
ist weich und schwach,
und wenn er stirbt,
so ist er hart und stark.
Die Pflanzen, wenn sie ins Leben treten,
sind weich und zart,
und wenn sie sterben,
sind sie dürr und starr.

Darum sind die Harten und Starken
Gesellen des Todes,
die Weichen und Schwachen
Gesellen des Lebens.

Darum:
Sind die Waffen stark, so siegen sie nicht.
Sind die Bäume stark, so werden sie gefällt.
Das Starke und Große ist unten.
Das Weiche und Schwache ist oben.

77

Des Himmels *Sinn*, wie gleicht er dem Bogenspanner!
Das Hohe drückt er nieder,
das Tiefe erhöht er.
Was zuviel hat, verringert er,
was nicht genug hat, ergänzt er.
Des Himmels *Sinn* ist es,
was zuviel hat, zu verringern, was nicht genug hat, zu
ergänzen.
Des Menschen Sinn ist nicht also.
Er verringert, was nicht genug hat,
um es darzubringen dem, das zuviel hat.
Wer aber ist imstande, das,
was er zuviel hat, der Welt darzubringen?
Nur der, so den *Sinn* hat.

Also auch der Berufene:
Erwirkt und behält nicht.
Ist das Werk vollbracht, so verharrt er nicht dabei.
Er wünscht nicht, seine Bedeutung vor ändern zu zeigen.

78

Auf der ganzen Welt
gibt es nichts Weicheres und Schwächeres als das Was-
ser.
Und doch in der Art, wie es dem Harten zusetzt,
kommt nichts ihm gleich.
Es kann durch nichts verändert werden.
Daß Schwaches das Starke besiegt
und Weiches das Harte besiegt,
weiß jedermann auf Erden,
aber niemand vermag danach zu handeln.

Also auch hat ein Berufener gesagt:
»Wer den Schmutz des Reiches auf sich nimmt,
der ist der Herr bei Erdopfern.
Wer das Unglück des Reiches auf sich nimmt,
der ist der König der Welt.«
Wahre Worte sind wie umgekehrt.

79

Versöhnt man großen Groll,
und es bleibt noch Groll übrig,
wie wäre das gut?
Darum hält der Berufene sich an seine Pflicht
und verlangt nichts von anderen.

Darum: Wer *Leben* hat,
hält sich an seine Pflicht,
wer kein *Leben* hat,
hält sich an sein Recht.

80

Ein Land mag klein sein
und seine Bewohner wenig.
Geräte, die der Menschen Kraft vervielfältigen,
lasse man nicht gebrauchen.
Man lasse das Volk den Tod wichtig nehmen
und nicht in die Ferne reisen.
Ob auch Schiffe und Wagen vorhanden wären,
sei niemand, der darin fahre.
Ob auch Panzer und Waffen da wären,
sei niemand, der sie entfalte.
Man lasse das Volk wieder Stricke knoten
und sie gebrauchen statt der Schrift.
Mach süß seine Speise
und schön seine Kleidung,
friedlich seine Wohnung
und fröhlich seine Sitten.
Nachbarländer mögen in Sehweite liegen,
daß man den Ruf der Hähne und Hunde
gegenseitig hören kann:
und doch sollen die Leute im höchsten Alter sterben,
ohne hin und her gereist zu sein.

81

Wahre Worte sind nicht schön,
schöne Worte sind nicht wahr.
Tüchtigkeit überredet nicht,
Überredung ist nicht tüchtig.
Der Weise ist nicht gelehrt,
der Gelehrte ist nicht weise.
Der Berufene häuft keinen Besitz auf.
je mehr er für andere tut,
desto mehr besitzt er.
je mehr er anderen gibt,
desto mehr hat er.
Des Himmels *Sinn* ist fördern, ohne zu schaden.
Des Berufenen *Sinn* ist wirken, ohne zu streiten.

Über tredition

Eigenes Buch veröffentlichen

tredition wurde 2006 in Hamburg gegründet und hat seither mehrere tausend Buchtitel veröffentlicht. Autoren veröffentlichen in wenigen leichten Schritten gedruckte Bücher, e-Books und audio-Books. tredition hat das Ziel, die beste und fairste Veröffentlichungsmöglichkeit für Autoren zu bieten.

tredition wurde mit der Erkenntnis gegründet, dass nur etwa jedes 200. bei Verlagen eingereichte Manuskript veröffentlicht wird. Dabei hat jedes Buch seinen Markt, also seine Leser. tredition sorgt dafür, dass für jedes Buch die Leserschaft auch erreicht wird.

Im einzigartigen Literatur-Netzwerk von tredition bieten zahlreiche Literatur-Partner (das sind Lektoren, Übersetzer, Hörbuchsprecher und Illustratoren) ihre Dienstleistung an, um Manuskripte zu verbessern oder die Vielfalt zu erhöhen. Autoren vereinbaren direkt mit den Literatur-Partnern die Konditionen ihrer Zusammenarbeit und partizipieren gemeinsam am Erfolg des Buches.

Das gesamte Verlagsprogramm von tredition ist bei allen stationären Buchhandlungen und Online-Buchhändlern wie z. B. Amazon erhältlich. e-Books stehen bei den führenden Online-Portalen (z. B. iBookstore von Apple oder Kindle von Amazon) zum Verkauf.

Einfach leicht ein Buch veröffentlichen: **www.tredition.de**

Eigene Buchreihe oder eigenen Verlag gründen

Seit 2009 bietet tredition sein Verlagskonzept auch als sogenanntes "White-Label" an. Das bedeutet, dass andere Unternehmen, Institutionen und Personen risikofrei und unkompliziert selbst zum Herausgeber von Büchern und Buchreihen unter eigener Marke werden können. tredition übernimmt dabei das komplette Herstellungs- und Distributionsrisiko.

Zahlreiche Zeitschriften-, Zeitungs- und Buchverlage, Universitäten, Forschungseinrichtungen u.v.m. nutzen diese Dienstleistung von tredition, um unter eigener Marke ohne Risiko Bücher zu verlegen.

Alle Informationen im Internet: **www.tredition.de/fuer-verlage**

tredition wurde mit mehreren Innovationspreisen ausgezeichnet, u. a. mit dem Webfuture Award und dem Innovationspreis der Buch Digitale.

tredition ist Mitglied im Börsenverein des Deutschen Buchhandels.

Dieses Werk elektronisch lesen

Dieses Werk ist Teil der Gutenberg-DE Edition DVD. Diese enthält das komplette Archiv des Projekt Gutenberg-DE. Die DVD ist im Internet erhältlich auf **http://gutenbergshop.abc.de**